ESSENTIAL GUIDE TO CHINESE HISTORY

PART 6

SECOND EDITION (LARGE PRINT)

QIN DYNASTY

秦朝

学习简单的中国历史文化

QING QING JIANG

PREFACE

Welcome to the Chinese History series, a series dedicated to helping Mandarin Chinese learners improve Chinese reading skills. In this series, we will discover China's 5,000-year-old history. Each of the book will focus on one important ruling Chinese dynasty. The books contain numerous lessons in Mandarin Chinese. We start with a ruling dynasty specific preface (前言), a brief introduction to the dynasty or related themes, and continue to dig the important aspects of the ruling era, such as politics, economy, etc. in the form or chapters. Each book contains 5 to 10 chapters. For the readers' convenience, a comprehensive list of vocabulary has been provided at the beginning of each chapter. The pinyin for the Chinese text is provided after the main text. Further, to enforce deeper learning, the English interpretation of the Chinese text has been purposely excluded for the books. This would help the readers think deeply about the contents the way native Chinese think. In order to help the Chinese learner remember important characters, words, long words, idioms, etc., these entities have been purposely repeated throughout the book, and across the books in the series. Taken together, the books in Chinese History series will tremendously help readers improve their Chinese reading skills.

If you have any questions, suggestions, and feedbacks, feel free to let me know in the review or comments.

You can find more about China and Chinese culture on my amazon homepage.

I blog at:

www.QuoraChinese.com

-Qing Qing

FEB 2023

©2023 Qing Qing Jiang

All rights reserved.

ESSENTIAL GUIDE TO CHINESE HISTORY

ACKNOWLEDGMENTS

I am a blogger. It has been a long and interesting journey since I started blogging quite a few years ago.

The blogging passion enabled me to write useful contents. In particular, I have been writing about China, and its culture.

My passion in writing was supported by my friends, colleagues, and most importantly, the almighty.

I thank everyone for constantly inspiring me in my life endeavours.

CONTENTS

PREFACE 2
ACKNOWLEDGMENTS 4
CONTENTS 5
INTRODUCTION TO THE HISTORY OF QIN DYNASTY (秦朝历史简介) 8
SHANG YANG'S REFORMS (商鞅变法) 10
ANNEXATION OF THE SIX VASSALS BY QIN (秦灭六国) 15
THE GREAT WALL (万里长城) 21
CHEN SHENG, WU GUANG UPRISING (陈胜吴广起义) 31
HONGMEN BANQUET (鸿门宴) 38

前言

秦朝在历史上可是赫赫有名的一个时期，因为它是中国历史上第一个大一统时代，由战国时期的秦国发展演变而来。秦朝创立，有着巨大的历史意义，首先它结束了战国时期的战乱纷争，分裂割据的局面。其次，秦朝创办了中央集权制度，奠定了此后统治的基础，沿用了两千多年，对后世产生了巨大的影响。虽然秦朝开创了统一大业，但很可惜的是只存在了 15 年便被灭国了，期间只有三任帝王。虽然秦朝只有短短的十五年，但是秦朝修建的万里长城，兵马俑现在已经成了中国的标志，还被列入了世界遗产，在世界上都是十分出名的。这一切归功于秦始皇，他一手打造了秦朝，但是他的暴政也是出了名的，这也是导致秦朝灭亡的一大原因。

Qiányán

Qín cháo zài lìshǐ shàng kěshì hèhè yǒumíng de yīgè shíqí, yīnwèi tā shì zhōngguó lìshǐ shàng dì yī gè dà yītǒng shídài, yóu zhànguó shíqí de qín guó fāzhǎn yǎnbiàn ér lái. Qín cháo chuànglì, yǒuzhe jùdà de lìshǐ yìyì, shǒuxiān tā jiéshùle zhànguó shíqí de zhànluàn fēnzhēng, fēnliè gējù de júmiàn. Qícì, qín cháo chuàngbànle zhōngyāng jíquán zhìdù, diàn dìng liǎo cǐhòu tǒngzhì de jīchǔ, yányòngle liǎng qiān duō nián, duì hòushì chǎnshēngle jùdà de yǐngxiǎng. Suīrán qín cháo kāichuàngle tǒngyī dàyè, dàn hěn kěxí de shì zhǐ cúnzàile 15 nián biàn bèi miè guóle, qíjiān zhǐyǒu sān rèn dìwáng. Suīrán qín cháo zhǐyǒu duǎn duǎn de shíwǔ nián, dànshì qín cháo xiūjiàn de wànlǐ chángchéng, bīngmǎyǒng xiànzài yǐjīng chéngle zhōngguó de biāozhì, hái bèi liè rùle shìjiè yíchǎn, zài shìjiè shàng dū shì shífēn chūmíng de. Zhè yīqiè guīgōng yú qínshǐhuáng, tā yīshǒu dǎzàole qín cháo, dànshì tā de bàozhèng yěshì chūle míng de, zhè yěshì dǎozhì qín cháo mièwáng de yī dà yuányīn.

INTRODUCTION TO THE HISTORY OF QIN DYNASTY (秦朝历史简介)

The Qin Dynasty (秦朝), ruling from 221 BC to 207 BC, was the first unified dynasty in Chinese history. The dynasty was an expanded form of the erstwhile Qin State from the Warring States Period. During the Warring States Period, all the seven vassal states (七国: Qi, Chu, Yan, Han, Zhao, Wei, and Qin) vied for hegemony. Finally, it was the Qin State under the King Ying Zheng of Qin (秦王嬴政) that gradually annexed the six vassal states (六国) with the Qin, and eventually, in 221 BC, founded a unified dynasty, the Qing Dynasty. The founding of the Qin Dynasty effectively ended the Warring States Period and became the first centralized state in Chinese history. King Ying Zheng became the first emperor of the unified dynasty. He himself chose the name Qin Shi Huang Di (秦始皇帝) – The First Emperor (of the Qin Dynasty).

In 210 BC, Qin Shihuang died of illness in the sand dunes located in the modern Guangzong County, Hebei Province (今河北省广宗县). His son Hu Hai (胡亥) ascended the throne as Qin II (秦二世).

According to the "Records of the Grand Historian: The Chronicles of Qin Shihuang" 《史记·秦始皇本纪》, Qin Shihuang became the first emperor in Chinese history and called himself "First Emperor" (始皇帝). He also stipulated that when the throne is passed on to his descendants after his death, the successors would be called the second emperor (二世皇帝), the third emperor (三世皇帝), continuing for forever (以至万世). Qin Shihuang dreamed that the throne would be inherited by his descendants forever as it would "be passed on endlessly" (传之无穷).

Although the First Emperor thought that his feudal dynasty would last for forever, the dynasty, however, collapsed just in two generations. Although the Qin Dynasty had great influence in history, it abused the power of the people. Liu Bang and Xiang Yu joined the Jianghuai army to fight against Qin. Finally, in 207 BC, the Qin Dynasty collapsed.

Although the Qin Dynasty ruled for only fifteen years, it had a profound impact on Chinese history. Numerous social, political, and economic reforms took place during the Qin Dynasty. For example, the Dynasty set up three councilors and nine ministers (三公九卿) in the central government to manage the national affairs. At the local level, the system of enfeoffment (分封制) was abolished and replaced by the system of prefectures and counties (郡县制). The kingdom attacked the Xiongnu (匈奴) in the north, attacked Baiyue (百越) in the south, built the Great Wall (长城) to keep the foreign enemies away, and dug the Ling Canal (灵渠) to connect the water system. The government unified the writing script (书同文) as well as unified the weights and measures (度量衡).

The founding of the centralized political system laid the basic pattern of China's political system from Qin to Qing (秦至清末), more than 2,000 years.

SHANG YANG'S REFORMS (商鞅变法)

1	上任	Shàngrèn	Take up an official post; assume office
2	不够	Bùgòu	Not enough; insufficient; short of; lack
3	强大	Qiángdà	Big and powerful; powerful; formidable
4	于是	Yúshì	Thereupon; hence; consequently; as a result
5	想方设法	Xiǎngfāng shèfǎ	Try various devices to; do everything possible to; find ways and means to; in every possible way
6	变得	Biàn dé	Become; get; grow
7	推行	Tuīxíng	Carry out; pursue; implement; practice
8	变革	Biàngé	Transform; reform; alter; change
9	唯一	Wéiyī	Only; sole; unique
10	出路	Chūlù	Way out; outlet
11	在全国范围内	Zài quánguó fànwéi nèi	Nationwide
12	征集	Zhēngjí	Collect
13	人才	Réncái	A person of ability; a talented person; talent; qualified personnel
14	希望	Xīwàng	Hope; wish; expect; want
15	招收	Zhāoshōu	Recruit; take in
16	找到	Zhǎodào	Find; seek out; hit
17	有才	Yǒu cái	Talented; gifted
18	想法	Xiǎngfǎ	Think of a way; do what one can; try; idea
19	毛遂自荐	Máosuì zìjiàn	Offer one's own services; offer services as Mao Sui did; offer oneself

			for a position; recommend oneself
20	而且	Érqiě	Not only … but; and that; and
21	得到	Dédào	Get; obtain; gain; receive
22	支持	Zhīchí	Sustain; hold out; bear; support
23	开始	Kāishǐ	Begin; start; initiate; commence
24	他的	Tā de	His; him
25	大规模	Dà guīmó	Large-scale; extensive; massive; mass
26	必定	Bìdìng	Be bound to; be sure to; certainly; undoubtedly
27	遭到	Zāo dào	Suffer; meet with; encounter
28	守旧	Shǒujiù	Adhere to past practices; stick to old ways; be conservative
29	势力	Shìlì	Force; power; influence
30	一开始	Yī kāishǐ	In the outset
31	争论	Zhēnglùn	Argue; dispute; debate; argument
32	变法	Biànfǎ	Political reform
33	必要性	Bìyào xìng	Necessity; necessary; desirability
34	极力	Jílì	Do one's utmost; spare no effort
35	坚持	Jiānchí	Persist in; persevere in; uphold; insist on
36	一下	Yīxià	One time; once
37	百姓	Bǎixìng	Common people; people
38	信任	Xìnrèn	Trust; have confidence in; believe in; take stock in
39	办法	Bànfǎ	Method; means; measure
40	木头	Mùtou	Wood; log; timber
41	北门	Běi mén	A surname
42	赏赐	Shǎngcì	Grant a reward; award
43	议论纷纷	Yìlùn fēnfēn	There were many discussions; be widely discussed by
44	毕竟	Bìjìng	After all; all in all; when all is said and

			done; in the final analysis
45	在当时	Zài dāngshí	At that time; in those days; at the time
46	数目	Shùmù	Number; amount
47	奖金	Jiǎngjīn	Money award; bonus; premium; reward
48	五十	Wǔshí	Fifty
49	站出来	Zhàn chūlái	Step forward; step forward bravely; come out boldly
50	一口气	Yī kǒuqì	One breath
51	搬到	Bān dào	Move to; moved; arouse to
52	拿到	Ná dào	Attain
53	赏金	Shǎng jīn	Money reward
54	老百姓	Lǎobǎixìng	Folk; common people; ordinary people; civilians
55	相信	Xiāngxìn	Believe in; be convinced of; have faith in; take stock in
56	原来	Yuánlái	Original; former; in the first place
57	官府	Guānfǔ	Local authorities; administrative center; feudal official
58	信服	Xìnfú	Completely accept; be convinced
59	顺利地	Shùnlì dì	Smoothly; successfully; favorably
60	开展	Kāizhǎn	Develop; launch; unfold; promote

Chinese (中文)

秦孝公上任后，深感秦国还不够强大，于是想方设法想让秦国变得更加强大。他十分推行变革，认为变革是秦国唯一的出路。

于是他在全国范围内征集人才，希望能招收贤才，希望找到一位有才之士来实现他变革的想法。

商鞅便毛遂自荐，而且得到了秦孝公的支持。在秦孝公的支持下，商鞅开始了他的大规模变革。

但是变革并没有那么简单，新的政策必定会遭到守旧势力的反对。事实也便是如此，商鞅一开始推行他的政策，便遭受到了极大的反对。为此，商鞅和这些人争论了一番，提出了变法改革的重要性和必要性。

在商鞅的极力坚持和秦孝公的大力支持一下，商鞅在全国范围内推行了他的变革。为了取得百姓的信任和支持，商鞅还想了一个办法。

商鞅在南门立了一根巨木，并告诉老百姓，如果有谁能把这根木头扛到北门，赏赐十金。老百姓们议论纷纷，毕竟这笔钱在当时是很大的一个数目，谁都不会相信只要扛个木头就能得到。

于是商鞅加大奖金力度，赏赐五十金，这下有人站出来了，一口气把这个木头从南门搬到了北，最后成功的拿到了这笔赏金。

老百姓这才相信，原来官府说的话是有信服力的，是可以信任地，于是商鞅变法更加顺利地开展起来。

Pinyin (拼音)

Qín xiàogōng shàngrèn hòu, shēn gǎn qín guó hái bùgòu qiángdà, yúshì xiǎngfāngshèfǎ xiǎng ràng qín guó biàn dé gèngjiā qiángdà. Tā shífēn tuīxíng biàngé, rènwéi biàngé shì qín guó wéiyī de chūlù.

Yúshì tā zài quánguó fànwéi nèi zhēngjí réncái, xīwàng néng zhāoshōu xián cái, xīwàng zhǎodào yī wèi yǒu cái zhī shì lái shíxiàn tā biàngé de xiǎngfǎ.

Shāngyāng biàn máosuìzìjiàn, érqiě dédàole qín xiàogōng de zhīchí. Zài qín xiàogōng de zhīchí xià, shāngyāng kāishǐle tā de dà guīmó biàngé.

Dànshì biàngé bìng méiyǒu nàme jiǎndān, xīn de zhèngcè bìdìng huì zāo dào shǒujiù shìlì de fǎnduì. Shìshí yě biàn shì rúcǐ, shāngyāng yī kāishǐ tuīxíng tā de zhèngcè, biàn zāoshòu dàole jí dà de fǎnduì. Wèi cǐ, shāngyāng hé zhèxiē rén zhēnglùnle yī fān, tíchūle biànfǎ gǎigé de zhòngyào xìng hé bìyào xìng.

Zài shāngyāng de jílì jiānchí hé qín xiàogōng de dàlì zhīchí yīxià, shāngyāng zài quánguó fànwéi nèi tuīxíngle tā de biàngé. Wèile qǔdé bǎixìng de xìnrèn hé zhīchí, shāngyāng hái xiǎngle yīgè bànfǎ.

Shāngyāng zài nán mén lìle yī gēn jùmù, bìng gàosù lǎobǎixìng, rúguǒ yǒu shéi néng bǎ zhè gēn mùtou káng dào běi mén, shǎngcì shí jīn. Lǎobǎixìngmen yìlùn fēnfēn, bìjìng zhè bǐ qián zài dāngshí shì hěn dà de yīgè shùmù, shéi dōu bù huì xiāngxìn zhǐyào káng gè mùtou jiù néng dédào.

Yúshì shāngyāng jiā dà jiǎngjīn lìdù, shǎngcì wǔshí jīn, zhè xià yǒurén zhàn chūláile, yī kǒuqì bǎ zhège mùtou cóng nán mén bān dàole běi, zuìhòu chénggōng de ná dàole zhè bǐ shǎng jīn.

Lǎobǎixìng zhè cái xiàng xìn, yuánlái guānfǔ shuō dehuà shì yǒu xìnfú lì de, shì kěyǐ xìnrèn de, yúshì shāngyāng biànfǎ gèngjiā shùnlì dì kāizhǎn qǐlái.

ANNEXATION OF THE SIX VASSALS BY QIN (秦灭六国)

1	首先	Shǒuxiān	First
2	秦始皇	Qínshǐhuáng	Qin Shi Huang; First Emperor of Qin
3	统一	Tǒngyī	Unify; unite; integrate; unified
4	中国	Zhōngguó	China; Sino-
5	发动	Fādòng	Start; launch; engine on; get started
6	战争	Zhànzhēng	War; warfare
7	六国	Liù guó	The Six Kingdoms annexed by Qin
8	被称为	Bèi chēng wèi	Known as; be known as; be called
9	顾名思义	Gùmíng sīyì	Seeing the name of a thing one thinks of its function; just as its name implies; as the term suggests; From its name may be derived its meaning
10	进程	Jìnchéng	Course; proceeding; process; progress
11	过程	Guòchéng	Process; procedure
12	分别	Fēnbié	Part; leave each other; distinguish; differentiate
13	当中	Dāngzhōng	In the middle; in the center
14	下手	Xiàshǒu	Put one's hand to; start; set about; set to
15	不简单	Bù jiǎndān	Not simple; fairly complicated; remarkable; Not Easy; marvelous
16	多次	Duō cì	Many times; time and again; repeatedly; on many occasions
17	进攻	Jìngōng	Attack; assault; offensive
18	无效	Wúxiào	Of no avail; to no avail; invalid; null

			and void
19	自己的	Zìjǐ de	Self
20	势力	Shìlì	Force; power; influence
21	借刀杀人	Jièdāo shārén	Murder a person with a borrowed knife
22	第二个	Dì èr gè	The second; 2nd;
23	自然灾害	Zìrán zāihài	Act of god; natural disasters; natural calamities; war of the elements
24	离间	Líjiàn	Sow discord; drive a wedge between; set one party against another; cast a bone between
25	收买	Shōumǎi	Purchase; buy in; buy over; bribe
26	受宠	Shòu chǒng	Gain grace; receive favor from a superior
27	大臣	Dàchén	Minister; secretary
28	带兵	Dài bīng	Head troops
29	打仗	Dǎzhàng	Fight; go to war; make war
30	将领	Jiànglǐng	High-ranking military officer; general
31	战斗力	Zhàndòulì	Combat effectiveness; fighting capacity
32	接着	Jiēzhe	Catch
33	打败	Dǎbài	Defeat; beat; worst
34	智取	Zhì qǔ	Outwit; take by strategy
35	都城	Dūchéng	Capital (of a country); manor for a minister
36	坚固	Jiāngù	Firm; solid; sturdy; strong
37	行不通	Xíng bùtōng	Won't do; won't work; get nowhere; impractical
38	于是	Yúshì	Thereupon; hence; consequently;

			as a result
39	想到	Xiǎngdào	Think of; call to mind; have at heart
40	水淹	Shuǐ yān	Water logging
41	投降	Tóuxiáng	Surrender; capitulate
42	攻打	Gōngdǎ	Attack; assault; assail
43	时机	Shíjī	Opportunity; an opportune moment
44	内乱	Nèiluàn	Civil strife; internal disorder
45	时候	Shíhòu	Time
46	最后	Zuìhòu	Last; final; ultimate
47	一举	Yījǔ	With one action; at one stroke
48	荆轲	Jīngkē	A failed assassin of king of Qin (227 BC)
49	故事	Gùshì	Story; tale; plot; old practice; routine
50	大家	Dàjiā	Great master; authority
51	就是	Jiùshì	Quite right; exactly; precisely
52	发生在	Fāshēng zài	Happen to; occur to; Occurs
53	时期	Shíqī	Period
54	下策	Xiàcè	A bad plan; an unwise decision; the worst thing to do; a stupid move
55	刺杀	Cìshā	Assassinate; bayonet charge
56	未遂	Wèisuì	Not accomplished; not fulfilled; abortive
57	大怒	Dà nù	Rage
58	还剩	Hái shèng	Remaining; still left
59	齐国	Qí guó	Ancient state of Qi in what is now Shandong
60	由于	Yóuyú	Owing to; thanks to; as a result of; due to
61	兼并	Jiānbìng	Merger; annex

62	已经	Yǐjīng	Already
63	实力	Shílì	Actual strength; strength
64	所以	Suǒyǐ	So; therefore; as a result
65	不是	Bùshì	Fault; blame
66	就这样	Jiù zhèyàng	That's it; That's all; in this way
67	曾经	Céngjīng	Once
68	战国七雄	Zhànguó qīxióng	The seven powerful states in the Warring Kingdoms period
69	局面	Júmiàn	Aspect; phase; situation; prospects
70	完全	Wánquán	Complete; whole; perfect; completely
71	打破	Dǎpò	Break; smash
72	开创	Kāichuàng	Start; initiate; found; set up
73	历史	Lìshǐ	History; past records

Chinese (中文)

首先来讲一讲秦始皇为统一中国所发动的战争，那便是秦灭六国之战，又被称为秦统一之战。

顾名思义，秦的统一进程便是秦灭六国的过程，这六国分别指的是韩，赵，魏，楚，燕，齐六国。

秦国首先灭的是韩国，因为韩国在这六国当中实力最低，所以先挑它下手。但是想灭韩国也不简单，多次进攻都无效。于是秦国在韩国内部培养自己的势力，借刀杀人，最后成功灭掉韩国。

第二个被灭国家是赵国。秦国趁赵国发生自然灾害的时候，进攻赵国。打了一年还没打下，最后秦国使用了离间计，收买了赵王身边的一个很受宠的大臣，使赵王杀了带兵打仗的两个将领，这使得赵国军队战斗力大减，所以最后秦国才能打败赵国。

再接着是魏国，打败魏国完全靠的是智取，由于魏国都城十分坚固，硬闯是完全行不通的，于是秦国想到了水淹的方法，最后魏国投降了。

攻打楚国也靠的是时机，秦国专挑楚国内乱的时候进攻，最后一举拿下。

荆轲刺秦王的故事大家都听过吗？这个故事就是发生在这个时期，秦国要灭燕国，荆轲出此下策，刺杀秦王未遂，惹得秦王大怒，灭了燕国。

最后还剩齐国，由于秦国兼并完其他五个国家已经实力大涨了，所以拿下齐国也不是问题。

就这样，曾经战国七雄的局面已经完全被打破，自此以后秦国一支独大，开创了新的历史局面。

Pinyin (拼音)

Shǒuxiān lái jiǎng yī jiǎng qínshǐhuáng wèi tǒngyī zhōngguó suǒ fādòng de zhànzhēng, nà biàn shì qín miè liù guózhī zhàn, yòu bèi chēng wéi qín tǒngyī zhī zhàn.

Gùmíngsīyì, qín de tǒngyī jìnchéng biàn shì qín miè liù guó de guòchéng, zhè liù guó fēn bié zhǐ de shì hán, zhào, wèi, chǔ, yàn, qí liù guó.

Qín guó shǒuxiān miè de shì hánguó, yīnwèi hánguó zài zhè liù guó dāngzhōng shílì zuìdī, suǒyǐ xiān tiāo tā xiàshǒu. Dànshì xiǎng miè hánguó yě bù jiǎndān, duō cì jìngōng dōu wúxiào. Yúshì qín guó zài hánguó nèibù péiyǎng zìjǐ de shìlì, jièdāoshārén, zuìhòu chénggōng miè diào hánguó.

Dì èr gè bèi miè guójiā shì zhào guó. Qín guó chèn zhào guó fāshēng zìrán zāihài de shíhòu, jìngōng zhào guó. Dǎle yī nián hái méi dǎxià, zuìhòu qín guó shǐyòngle líjiàn jì, shōumǎile zhào wáng shēnbiān de yīgè hěn shòu chǒng de dàchén, shǐ zhào wáng shāle dài bīng dǎzhàng de liǎng gè jiànglǐng, zhè shǐdé zhào guó jūnduì zhàndòulì dà jiǎn, suǒyǐ zuìhòu qín guó cáinéng dǎbài zhào guó.

Zài jiēzhe shì wèi guó, dǎbài wèi guó wánquán kào de shì zhì qǔ, yóuyú wèi guó dūchéng shífēn jiāngù, yìng chuǎng shì wánquán xíng bùtōng de, yúshì qín guó xiǎngdàole shuǐ yān de fāngfǎ, zuìhòu wèi guó tóuxiángle.

Gōngdǎ chǔ guó yě kào de shì shíjī, qín guó zhuān tiāo chǔ guó nèiluàn de shíhòu jìngōng, zuìhòu yījǔ ná xià.

Jīngkē cì qínwáng de gùshì dàjiā dōu tīngguò ma? Zhège gùshì jiùshì fāshēng zài zhège shíqí, qín guó yào miè yàn guó, jīngkē chū cǐ xiàcè, cìshā qínwáng wèisuì, rě dé qínwáng dà nù, mièle yàn guó.

Zuìhòu hái shèng qí guó, yóuyú qín guójiānbìng wán qítā wǔ gè guójiā yǐjīng shílì dà zhǎngle, suǒyǐ ná xià qí guó yě bùshì wèntí.

Jiù zhèyàng, céngjīng zhànguó qīxióng de júmiàn yǐjīng wánquán bèi dǎpò, zì cǐ yǐhòu qín guó yī zhī dú dà, kāichuàngle xīn de lìshǐ júmiàn.

THE GREAT WALL (万里长城)

1	如今	Rújīn	Nowadays; these days; at present; now
2	长城	Chángchéng	The Great Wall
3	应该	Yīnggāi	Should; ought to; must
4	众人	Zhòngrén	Everybody; many people; all people; the multitude
5	流传	Liúchuán	Spread; circulate; hand down; pass current
6	这样	Zhèyàng	So; such; like this; this way
7	一句话	Yījù huà	In a word; in short
8	不到长城非好汉	Bù dào chángchéng fēi hǎohàn	One who fails to reach the Great Wall is not a hero; not stop until one's aim is attained
9	可见	Kějiàn	It is thus clear that; visible; visual
10	地位	Dìwèi	Position; standing; place; status
11	河北	Héběi	Hebei
12	山海关	Shānhǎi guān	Shanhai pass
13	甘肃	Gānsù	Gansu
14	嘉峪关	Jiāyùguān	Jiayuguan Pass and city in Gansu, at the western terminus of the Great Wall, on the Silk Road
15	全长	Quán zhǎng	Overall length
16	大概是	Dàgài shì	General idea; broad outline
17	一万	Yī wàn	Ten thousand
18	万里长城	Wàn lǐ chángchéng	The Great Wall
19	虽然	Suīrán	Though; although

20	现在	Xiànzài	Now; at present; today; nowadays
21	看到	Kàn dào	See; catch sight of
22	原始	Yuánshǐ	Original; firsthand; primeval; primitive
23	秦始皇	Qínshǐhuáng	Qin Shi Huang; First Emperor of Qin
24	时期	Shíqí	Period
25	完善	Wánshàn	Perfect; improve and perfect; consummate
26	也就是	Yě jiùshì	Namely; i.e.; that is
27	今天	Jīntiān	Today
28	战国	Zhànguó	Warring states
29	抵御	Dǐyù	Resist; withstand
30	外来	Wàilái	Outside; external; foreign
31	势力	Shìlì	Force; power; influence
32	入侵	Rùqīn	Invade; intrude; make an incursion; make inroads
33	修筑	Xiūzhù	Build; construct; put up
34	当时	Dāngshí	Then; at that time; just at that moment; right away; at once; immediately
35	短短	Duǎn duǎn	Short; brief
36	一截	Yī jié	A section; a length
37	在当时	Zài dāngshí	At that time; in those days; at the time
38	全程	Quánchéng	Whole journey; whole course
39	征集	Zhēngjí	Collect
40	将近	Jiāngjìn	Be close to; almost; nearby
41	一百万	Yībǎi wàn	Mega
42	夜以继日	Yèyǐ jìrì	Round the clock; day and night; continue the day, by night; day in, day out

43	修建	Xiūjiàn	Build; construct; animate; erect
44	荒山	Huāngshān	Barren mountain; waste mountain
45	沟壑纵横	Gōuhè zònghéng	Ravines and gullies crisscross
46	恶劣	Èliè	Odious; abominable; disgusting; very bad
47	受不了	Shòu bùliǎo	Be unable to endure; cannot stand (or endure)
48	累死	Lèi sǐ	Die from overwork (lit./fig.)
49	来源于	Láiyuán yú	Originate; stem from; root in
50	除去	Chùqú	Detach; eliminate; remove; work off
51	防御	Fángyù	Defense
52	应当	Yīngdāng	Should; ought to; duty-bound; naturally
53	古代	Gǔdài	Ancient; archaic; ancient times; antiquity
54	劳动人民	Láodòng rénmín	Laboring people; working people
55	成果	Chéngguǒ	Achievement; fruit; gain; positive result
56	文化遗产	Wénhuà yíchǎn	Cultural heritage; cultural legacy
57	好好	Hǎohǎo	In perfectly good condition; all out; to one's heart's content; earnestly
58	珍惜	Zhēnxī	Treasure; value; cherish

Chinese (中文)

如今的长城，应该是众人皆知吧，中国流传着这样一句话，"不到长城非好汉"，可见长城的地位。

长城东起河北的山海关，往西到甘肃的嘉峪关，全长六千七百米，大概是一万三千里，所以我们称之为万里长城。

虽然我们现在所看到的长城并不是最原始的长城，但是是秦始皇这个时期完善的，也就是我们今天所看到地。

早在战国时期，秦国为抵御外来势力的入侵就修筑了长城，但是当时的长城并不是"长城"，而是短短的一截。

自从秦始皇上任后，就特别注重长城的修筑，虽然当时秦朝已经实现了大一统，但是仍然不忘修筑，还把之前修筑的连接到了一起。

这在当时也是一个大工程，因为全程都是使用劳动力，据统计，秦始皇大概征集了将近一百万的劳动力，夜以继日的修筑，花了上百年的时间才建好，可见工程量之庞大，过程之艰难。

而且当时修建长城的地方都是一些荒山野岭，沟壑纵横，所处的环境是十分恶劣的，有很多工人受不了强度如此大的工作，最后累死在长城下，孟姜女哭倒长城故事就来源于此期间。

除去长城的防御作用，我们也应当看到它的文化价值。这是古代劳动人民的成果，是中国的文化遗产，我们应当好好珍惜。

Pinyin (拼音)

Rújīn de chángchéng, yīnggāi shì zhòngrén jiē zhī ba, zhōngguó liúchuánzhe zhèyàng yījù huà,"bù dào chángchéng fēi hǎohàn", kějiàn chángchéng dì dìwèi.

Chángchéng dōng qǐ héběi de shānhǎiguān, wǎng xī dào gānsù de jiāyùguān, quán zhǎng liùqiān qībǎi mǐ, dàgài shì yī wàn sānqiān lǐ, suǒyǐ wǒmen chēng zhī wèi wànlǐ chángchéng.

Suīrán wǒmen xiànzài suǒ kàn dào de chángchéng bìng bùshì zuì yuánshǐ de chángchéng, dànshì shì qínshǐhuáng zhège shíqī wánshàn de, yě jiùshì wǒmen jīntiān suǒ kàn dào de.

Zǎo zài zhànguó shíqí, qín guó wèi dǐyù wàilái shìlì de rùqīn jiù xiūzhùle chángchéng, dànshì dāngshí de chángchéng bìng bùshì "chángchéng", ér shì duǎn duǎn de yī jié.

Zìcóng qínshǐhuáng shàngrèn hòu, jiù tèbié zhùzhòng chángchéng de xiūzhù, suīrán dāngshí qín cháo yǐjīng shíxiànle dà yītǒng, dànshì réngrán bù wàng xiūzhù, hái bǎ zhīqián xiūzhù de liánjiē dàole yīqǐ.

Zhè zài dāngshí yěshì yīgè dà gōngchéng, yīnwèi quánchéng dōu shì shǐyòng láodònglì, jù tǒngjì, qínshǐhuáng dàgài zhēngjíle jiāngjìn yībǎi wàn de láodònglì, yèyǐjìrì de xiūzhù, huāle shàng bǎinián de shíjiān cái jiàn hǎo, kějiàn gōngchéng liàng zhī pángdà, guòchéng zhī jiānnán.

Érqiě dāngshí xiūjiàn chángchéng dì dìfāng dōu shì yīxiē huāngshān yě lǐng, gōuhè zònghéng, suǒ chǔ de huánjìng shì shífēn èliè de, yǒu hěnduō gōngrén shòu bùliǎo qiángdù rúcǐ dà de gōngzuò, zuìhòu lèi sǐ zài chángchéng xià, mèngjiāngnǚ kū dào chángchéng gùshì jiù láiyuán yú cǐ qíjiān.

Chùqú chángchéng de fángyù zuòyòng, wǒmen yě yīngdāng kàn dào tā de wénhuà jiàzhí. Zhè shì gǔdài láodòng rénmín de chéngguǒ, shì zhōngguó de wénhuà yíchǎn, wǒmen yīngdāng hǎohǎo zhēnxī.

PURGE OF CONFUCIAN SCHOLARS (焚书坑儒)

1	秦始皇	Qínshǐhuáng	Qin Shi Huang; First Emperor of Qin
2	当时	Dāngshí	Then; at that time
3	统一	Tǒngyī	Unify; unite; integrate; unified
4	中国	Zhōngguó	China; Sino-
5	很多	Hěnduō	A lot of; a great many of; a good many of
6	东西	Dōngxī	Thing; east and west; from east to west
7	还是	Háishì	Still; nevertheless; all the same
8	遵循	Zūnxún	Follow; abide by; adhere to
9	丞相	Chéngxiàng	Prime minister
10	秦朝	Qín cháo	Qin Dynasty (221-206 BC)
11	开创	Kāichuàng	Start; initiate; found; set up
12	一统	Yītǒng	Unify; unite; integrate; unitary
13	沿用	Yányòng	Continue to use
14	法律法规	Fǎlǜ fǎguī	Laws and regulations; law; Laws & Regulations
15	树立	Shùlì	Set up; establish; build
16	威严	Wēiyán	Dignified; stately; majestic; awe-inspiring
17	一律	Yīlǜ	Same; alike; uniform
18	官府	Guānfǔ	Local authorities; administrative center; feudal official
19	诗经	Shījīng	The Book of Songs
20	尚书	Shàngshū	A high official in ancient China; minister
21	没收	Mòshōu	Confiscate; expropriate

22	焚烧	Fénshāo	Burn; set on fire
23	统一思想	Tǒngyī sīxiǎng	Seek unity of thinking
24	听从	Tīngcóng	Obey; heed; comply with
25	下令	Xiàlìng	Give orders; order
26	凡是	Fánshì	Every; any; all
27	书籍	Shūjí	Books; works; literature
28	通通	Tōngtōng	All; entirely; completely
29	烧毁	Shāohuǐ	Burn down; burn up; consumption; burnout
30	儒家	Rújiā	The Confucian school
31	经典	Jīngdiǎn	Classics; scriptures; classical
32	读书人	Dúshūrén	Scholar; intellectual
33	乐意	Lèyì	Be willing; be ready to
34	读书	Dúshū	Read; study; attend school
35	站出来	Zhàn chūlái	Step forward; step forward bravely; come out boldly
36	反动	Fǎndòng	Reactionary; reaction
37	言语	Yányǔ	Speak; talk; answer; spoken language
38	传到	Chuán dào	Spread to; transmit/convey to; pass on to
39	耳朵	Ěrduǒ	Ear
40	上位	Shàngwèi	Superior
41	于是	Yúshì	Thereupon; hence; consequently; as a result
42	直接	Zhíjiē	Direct; immediate
43	大坑	Dà kēng	Hollow place
44	言论	Yánlùn	Opinion on public affairs; views on politics; expression of one's political views; speech

45	活埋	Huómái	Bury alive
46	历史上	Lìshǐ shàng	Historically; in history
47	焚书坑儒	Fén shū kēng rú	Burn books and bury the literati in the pits
48	积累	Jīlěi	Accumulation; accumulate; build-up
49	财富	Cáifù	Wealth; fortune; riches
50	极大	Jí dà	Maximum
51	有文化	Yǒu wénhuà	Well-educated
52	黄泉	Huángquán	Netherworld
53	毁灭	Huǐmiè	Destroy; exterminate; ruin
54	残暴	Cánbào	Savage; cruel and heartless; cruel and ferocious; ruthless
55	不择手段	Bùzéshǒu duàn	Use unscrupulous divisive tactics

Chinese (中文)

这件事也是秦始皇所为，当时秦始皇统一中国，很多东西都还是遵循古制。

当时的丞相李斯对秦始皇说，现在秦朝开创了一统时代，应该以秦为尊，不能再继续沿用之前的法律法规，这些都是对秦的约束，难以树立秦的威严。

于是李斯对秦始皇建议道："不是关于秦朝历史的书籍，一律不能留。除了官府收集的《诗经》，《尚书》，私人收藏的一律没收并且焚烧。"这些建议为的就是统一思想，绝不允许其他思想出现，影响管理与统治。

秦始皇听从了李斯的建议，下令焚书，凡是私人收藏的书籍，通通烧毁，而且大部分都是儒家经典。

读书人肯定不乐意了，读书人没有书何谈读书呢？很多读书人都站出来反对秦始皇的安排，一些反动的言语传到了秦始皇的耳朵里，秦始皇生气极了，他才刚刚上位，就有人反对他，不给他们一点颜色瞧瞧，以后还怎么管他们。

于是秦始皇直接命人在城外挖了个大坑，将反动言论的人直接活埋了，这便是历史上的焚书坑儒。

秦始皇焚书坑儒，既使秦之前所积累的文化财富受到了极大的破坏，又使得许多有文化有知识的人命丧黄泉，在文化领域这是极大的毁灭，从中我们也可以看秦始皇的残暴，为达目的不择手段。

Pinyin (拼音)

Zhè jiàn shì yěshì qínshǐhuáng suǒ wéi, dāngshí qínshǐhuáng tǒngyī zhōngguó, hěnduō dōngxī dū háishì zūnxún gǔ zhì.

Dāngshí de chéngxiàng lǐsī duì qínshǐhuáng shuō, xiànzài qín cháo kāichuàngle yītǒng shídài, yīnggāi yǐ qín wèi zūn, bùnéng zài jìxù yányòng zhīqián de fǎlǜ fǎguī, zhèxiē dōu shì duì qín de yuēshù, nányǐ shùlì qín de wēiyán.

Yúshì lǐsī duì qínshǐhuáng jiànyì dào:"Bùshì guānyú qín cháo lìshǐ de shūjí, yīlǜ bùnéng liú. Chúle guānfǔ shōují de "shījīng","shàngshū", sīrén shōucáng de yīlǜ mòshōu bìngqiě fénshāo." Zhèxiē jiànyì wèi de jiùshì tǒngyī sīxiǎng, jué bù yǔnxǔ qítā sīxiǎng chūxiàn, yǐngxiǎng guǎnlǐ yǔ tǒngzhì.

Qínshǐhuáng tīngcóngle lǐsī de jiànyì, xiàlìng fén shū, fánshì sīrén shōucáng de shūjí, tōngtōng shāohuǐ, érqiě dà bùfèn dōu shì rújiā jīngdiǎn.

Dúshūrén kěndìng bù lèyìle, dúshūrén méiyǒu shū hé tán dúshū ne? Hěnduō dúshūrén dōu zhàn chūlái fǎnduì qínshǐhuáng de ānpái, yīxiē fǎndòng de yányǔ chuán dàole qínshǐhuáng de ěrduǒ lǐ, qínshǐhuáng shēngqì jíle, tā cái gānggāng shàngwèi, jiù yǒurén fǎnduì tā, bù gěi tāmen yīdiǎn yánsè qiáo qiáo, yǐhòu hái zěnme guǎn tāmen.

Yúshì qínshǐhuáng zhíjiē mìng rén zài chéng wài wāle gè dà kēng, jiāng fǎndòng yánlùn de rén zhíjiē huómáile, zhè biàn shì lìshǐ shàng de fén shū kēng rú.

Qínshǐhuáng fén shū kēng rú, jì shǐ qín zhīqián suǒ jīlěi de wénhuà cáifù shòudàole jí dà de pòhuài, yòu shǐdé xǔduō yǒu wénhuà yǒu zhīshì de rénmìng sàng huángquán, zài wénhuà lǐngyù zhè shì jí dà de huǐmiè, cóngzhōng wǒmen yě kěyǐ kàn qínshǐhuáng de cánbào, wèi dá mùdì bùzéshǒuduàn.

CHEN SHENG, WU GUANG UPRISING (陈胜吴广起义)

1	起义	Qǐyì	Uprising; insurrection; revolt; stage an uprising
2	历史上	Lìshǐ shàng	Historically; in history
3	有名	Yǒumíng	Well-known; famous; celebrated
4	虽然	Suīrán	Though; although
5	失败	Shībài	Be defeated; lose; fail; come to nothing
6	农民	Nóngmín	Peasant; peasantry; farmer; boor
7	第一次	Dì yī cì	First; for the first time
8	大规模	Dà guīmó	Large-scale; extensive; massive; mass
9	深刻	Shēnkè	Depth; deep; profound; deep-going
10	历史	Lìshǐ	History; past records
11	继位	Jì wèi	Succeed to the throne; accede; accession to the throne
12	昏庸	Hūnyōng	Fatuous; imbecile; muddleheaded; stupid
13	老百姓	Lǎobǎixìng	Folk; common people; ordinary people; civilians
14	非但	Fēidàn	Not only
15	半点	Bàndiǎn	The least bit
16	好受	Hǎoshòu	Feel better; feel more comfortable
17	赋税	Fùshuì	Taxes
18	贫民	Pínmín	Poor people; pauper
19	不仅如此	Bùjǐn rúcǐ	Not only that; nor is this all; nay; Not only that; More Than That
20	征集	Zhēngjí	Collect

21	平民	Píngmín	The populace; the common people
22	戍守	Shùshǒu	Defend; garrison
23	领导者	Lǐngdǎo zhě	Leader
24	暴雨	Bàoyǔ	Torrential rain; rainstorm; hard rain; intense fall
25	一连	Yīlián	In a row; in succession; running
26	停下来	Tíng xiàlái	Stop; call to a halt; come to a halt; come to a stand
27	在这里	Zài zhèlǐ	Here; Here it is; over here
28	如果没有	Rúguǒ méiyǒu	But for
29	准时	Zhǔnshí	Punctual; on time; on schedule
30	按照	Ànzhào	According to; in accordance with; in the light of; on the basis of
31	当时	Dāngshí	Then; at that time; just at that moment; right away; at once; immediately
32	处死	Chǔsǐ	Put to death; execute; put to execution
33	不值	Bù zhí	Not worth
34	这么	Zhème	So; such; this way; like this
35	卖命	Màimìng	Work oneself to the bone for somebody; work oneself to death for somebody
36	落得	Luòdé	Get; end in; result in
37	下场	Xiàchǎng	Go off stage; exit; leave the playing field
38	在这种情况下	Zài zhè zhǒng	In this event; in this situation; in this instance; on this condition

		qíngkuàng xià	
39	看管	Kānguǎn	Look after; attend to; guard; watch
40	自己的	Zìjǐ de	Self
41	势力范围	Shìlì fànwéi	Sphere of influence; zone of influence
42	接连	Jiēlián	On end; in a row; in succession; running
43	攻下	Gōng xià	Capture; take; overcome
44	起义军	Qǐyì jūn	Insurgent forces
45	贫苦	Pínkǔ	Poor; poverty-stricken; badly off; impoverished
46	政权	Zhèngquán	Political power; regime
47	抗衡	Kànghéng	Act as a counterweight to; match; compete; contend with
48	多久	Duōjiǔ	How long?
49	发展到	Fāzhǎn dào	Develop to
50	庞大	Pángdà	Huge; enormous; colossal; massive
51	威慑力	Wēishè lì	Deterrent; deterrent force
52	壮大	Zhuàngdà	Strengthen; expand
53	攻打	Gōngdǎ	Attack; assault; assail
54	都城	Dūchéng	Capital (of a country); manor for a minister
55	惊慌	Jīnghuāng	Alarmed; scared; panic-stricken
56	没想到	Méi xiǎngdào	Have not expected or thought of
57	连忙	Liánmáng	Promptly; immediately; instantly; in a hurry

58	围堵	Wéi dǔ	Encircle and intercept (bandits, enemy troops, etc.)
59	作战方式	Zuòzhàn fāngshì	Mode of operations
60	缺乏经验	Quēfá jīngyàn	Lack experience
61	败仗	Bàizhàng	Lost battle; defeat
62	损失惨重	Sǔnshī cǎnzhòng	Heavy losses; tremendous losses
63	军心	Jūnxīn	Soldier's morale; morale of the troops
64	涣散	Huànsàn	Lax; slack
65	寡不敌众	Guǎbù dízhòng	Be hopelessly outnumbered; fight against hopeless odds; The few are no match for the many; The few cannot resist the many
66	以失败告终	Yǐ shībài gàozhōng	End in disaster

Chinese (中文)

陈胜吴广起义，在历史上是很有名的一次起义，虽然最后失败了，但是它是农民第一次大规模起义，所以具有深刻的历史意义。

当时秦始皇病死，他的儿子秦二世继位。他也是一个十分残暴昏庸的皇帝，比起秦始皇有过之而无不及，在他的统治期间，老百姓的生活非但没有半点好转，反而更加的不好受，沉重的赋税剥削着老百姓，老百姓连自己都没得饭吃，还得纳税，很多贫民徘徊在饿死的边缘。

不仅如此，他还拿老百姓当免费劳动力，征集了900名平民百姓去戍守渔阳，当时陈胜吴广便是这群农民的领导者。当他们走到大泽乡这个地方的时候，突然下起了暴雨，而且一连几天都没有停下来的趋势，他们被困在这里走不了。

如果没有准时到那儿，按照当时的法律需要被处死的。陈胜吴广觉得很不值，自己这么替他们卖命，最后还是落得个被处死的下场。

所以在这种情况下，他们起义了。他们先是把看管老百姓的军官杀了。接着带着农民继续扩大自己的势力范围，接连攻下了五六个县城，而且起义军所经过的地方，有很多贫苦老百姓都自发地响应，所以起义军的势力迅速扩大。

他们建立自己的政权，为的就是与秦朝相抗衡，而陈胜则做起义军的王。没过多久，起义军已经发展到几十万人了，这也算是一个比较庞大的起义军了，给秦朝也带来了一定的威慑力。

起义军趁着自己力量壮大之际，打算攻秦。起义军一直攻打到都城附近，这让秦二世变得惊慌起来，原本他以为不足为惧，但是没想到起义军发展的如此迅速，连忙派军队围堵起义军。

农民军虽然个个都十分勇敢，但是毕竟不是正规的军队，不懂得作战方式与方法，缺乏经验，所以在打了败仗后损失惨重，当时内部正好也出现了问题，导致军心涣散，陈胜吴广接连去世，最后寡不敌众，起义以失败告终。

Pinyin (拼音)

Chénshèng wúguǎng qǐyì, zài lìshǐ shàng shì hěn yǒumíng de yīcì qǐyì, suīrán zuìhòu shībàile, dànshì tā shì nóngmín dì yī cì dà guīmó qǐyì, suǒyǐ jùyǒu shēnkè de lìshǐ yìyì.

Dāngshí qínshǐhuáng bìngsǐ, tā de érzi qín èr shì jì wèi. Tā yěshì yīgè shífēn cánbào hūnyōng de huángdì, bǐ qǐ qínshǐhuáng yǒuguò zhī ér wúbù jí, zài tā de tǒngzhì qíjiān, lǎobǎixìng de shēnghuó fēidàn méiyǒu bàndiǎn hǎozhuǎn, fǎn'ér gèngjiā de bù hǎoshòu, chénzhòng de fùshuì bōxuèzhe lǎobǎixìng, lǎobǎixìng lián zìjǐ dōu méi dé fàn chī, hái dé nàshuì, hěnduō pínmín páihuái zài è sǐ de biānyuán.

Bùjǐn rúcǐ, tā hái ná lǎobǎixìng dāng miǎnfèi láodònglì, zhēngjíle 900 míng píngmín bǎixìng qù shùshǒu yú yáng, dāngshí chénshèng wúguǎng biàn shì zhè qún nóngmín de lǐngdǎo zhě. Dāng tāmen zǒu dào dàzéxiāng zhège dìfāng de shíhòu, túrán xià qǐle bàoyǔ, érqiě yīlián jǐ tiān dū méiyǒu tíng xiàlái de qūshì, tāmen bèi kùn zài zhèlǐ zǒu bùliǎo.

Rúguǒ méiyǒu zhǔnshí dào nà'er, ànzhào dāngshí de fǎlǜ xūyào bèi chǔsǐ de. Chénshèng wúguǎng juédé hěn bù zhí, zìjǐ zhème tì tāmen màimìng, zuìhòu háishì luòdé gè bèi chǔsǐ de xiàchǎng.

Suǒyǐ zài zhè zhǒng qíngkuàng xià, tāmen qǐyìle. Tāmen xiānshi bǎ kānguǎn lǎobǎixìng de jūnguān shāle. Jiēzhe dàizhe nóngmín jìxù kuòdà zìjǐ de shìlì fànwéi, jiēlián gōng xiàle wǔliù gè xiànchéng, érqiě qǐyì jūn suǒ jīngguò dì dìfāng, yǒu hěnduō pínkǔ lǎobǎixìng dōu zìfā dì xiǎngyìng, suǒyǐ qǐyì jūn de shìlì xùnsù kuòdà.

Tāmen jiànlì zìjǐ de zhèngquán, wèi de jiùshì yǔ qíncháoxiāng kànghéng, ér chénshèng zé zuò qǐyì jūn de wáng. Méiguò duōjiǔ, qǐyì jūn yǐjīng fāzhǎn dào jǐ shí wàn rénle, zhè yě suànshì yīgè bǐjiào pángdà de qǐyì jūnle, gěi qín cháo yě dài láile yīdìng de wēishè lì.

Qǐyì jūn chènzhe zìjǐ lìliàng zhuàngdà zhī jì, dǎsuàn gōng qín. Qǐyì jūn yīzhí gōngdǎ dào dūchéng fùjìn, zhè ràng qín èr shì biàn dé jīnghuāng qǐlái, yuánběn tā yǐwéi bùzú wéi jù, dànshì méi xiǎngdào qǐyì jūn fāzhǎn de rúcǐ xùnsù, liánmáng pài jūnduì wéi dǔ qǐyì jūn.

Nóngmín jūn suīrán gè gè dōu shífēn yǒnggǎn, dànshì bìjìng bùshì zhèngguī de jūnduì, bù dǒngdé zuòzhàn fāngshì yǔ fāngfǎ, quēfá jīngyàn, suǒyǐ zài dǎle bàizhàng hòu sǔnshī cǎnzhòng, dāngshí nèibù zhěnghǎo yě chūxiànle wèntí, dǎozhì jūnxīn huànsàn, chénshèng wúguǎng jiēlián qùshì, zuìhòu guǎbùdízhòng, qǐyì yǐ shībài gàozhōng.

HONGMEN BANQUET (鸿门宴)

1	秦朝	Qín cháo	Qin Dynasty
2	末期	Mòqí	Last phase; final phase; last stage
3	没落	Mòluò	Decline; wane; sinking
4	项羽	Xiàngyǔ	Chief rival of Liu Bang
5	刘邦	Liúbāng	Liu Bang; Founder of Han Dynasty (reigned as Gaozu, 256 BC -195 BC)
6	当时	Dāngshí	Then; at that time; just at that moment; right away; at once; immediately
7	实力	Shílì	Actual strength; strength
8	不如	Bùrú	Not equal to; not as good as; inferior to; cannot do better than
9	攻下	Gōng xià	Capture; take; overcome
10	必得	Bìděi	Must; have to
11	约定	Yuēdìng	Agree on; appoint; arrange; convention
12	咸阳	Xiányáng	Xianyang (a city of Shaanxi Province, ancient capital of the Qin Dynasty)
13	称王	Chēng wáng	Proclaim oneself king
14	生气	Shēngqì	Take offence; get angry; be offended by; be angry at
15	攻打	Gōngdǎ	Attack; assault; assail
16	侍从	Shìcóng	Attendants; retinue
17	声势	Shēngshì	Impetus; momentum
18	浩荡	Hàodàng	Vast and mighty; broad; magnificent
19	赔礼道歉	Péilǐ dàoqiàn	Make a formal apology

20	毕恭毕敬	Bìgōng bìjìng	Reverent and respectful; displaying full courtesy; extremely deferential; in humble reverence
21	聪明人	Cōngmíng rén	A smart person, a man of brains
22	装出	Zhuāng chū	Pretend; act as
23	恭敬	Gōngjìng	Respectful; with great respect
24	于是	Yúshì	Thereupon; hence; consequently; as a result
25	酒席	Jiǔxí	Feast
26	喝酒	Hējiǔ	Drink; drinking; drink wine; Drinks
27	杀掉	Shā diào	Kill, put to death
28	日后	Rìhòu	In the future; in the days to come
29	必定	Bìdìng	Be bound to; be sure to; certainly; undoubtedly
30	威胁	Wēixié	Threaten; menace; imperil
31	此时	Cǐ shí	This moment; right now; now; at present
32	故意	Gùyì	Intentionally; willfully; deliberately; on purpose
33	安排	Ānpái	Arrange; plan; fix up; make arrangements for
34	刺杀	Cìshā	Assassinate; bayonet charge
35	赶紧	Gǎnjǐn	Lose no time; hasten; run
36	时不时	Shíbùshí	From time to time: often
37	自己的	Zìjǐ de	Self
38	身体	Shēntǐ	Body; health
39	使得	Shǐdé	Can be used; usable
40	下手	Xiàshǒu	Put one's hand to; start; set about; set to
41	局面	Júmiàn	Aspect; phase; situation; prospects
42	就这样	Jiù zhèyàng	That's it; That's all; in this way

43	僵持	Jiāngchí	Refuse to budge; be stalemated; in a stalemate; refuse to give in
44	处于	Chǔyú	Be
45	境界	Jìngjiè	Boundary; extent reached; plane attained; state
46	厕所	Cèsuǒ	Lavatory; washroom; water closet; toilet
47	迅速	Xùnsù	Rapid; swift; speedy; prompt
48	逃离	Táolí	Flee
49	现场	Xiànchǎng	Scene; site; spot; on-site
50	这次	Zhè cì	This time; present; current
51	鸿门宴	Hóngmén yàn	A dinner at Hongmen where treachery was planned
52	逃走	Táozǒu	Run away; flee; take flight; take to one's heels
53	一定程度上	Yīdìng chéngdù shàng	Partly; To some extent; in part
54	暗示	Ànshì	Hint; drop a hint; hint at; imply
55	接下来	Jiē xiàlái	Then; accept; take
56	那就是	Nà jiùshì	That is; That is to say; Someone
57	建立	Jiànlì	Build; set up; establish; building-up
58	汉朝	Hàn cháo	Han dynasty

Chinese (中文)

　　秦朝末期，秦朝已经没落，项羽和刘邦都计划攻秦，当时的秦朝已经实力大不如前了，攻下秦朝势在必得。

项羽和刘邦约定，先入咸阳者为王。最后是刘邦攻下了咸阳，决定称王。项羽知道后十分生气，因为刘邦的实力是不如他的，因此他决定攻打刘邦。

刘邦知道后带着一百多名侍从声势浩荡地来到鸿门给项羽赔礼道歉。一见到项羽，便毕恭毕敬的道歉。刘邦也是个聪明人，他故意装出一副恭敬的样子，说会把自己得到的都献给项羽。

于是项羽设下酒席，请刘邦喝酒，其实就是想趁此机会杀掉刘邦，因为他知道刘邦日后必定会造成威胁，此时不杀，以后被杀的就是他们。

他们故意安排舞剑的活动，为了就是刺杀刘邦。当项庄开始舞剑的时候，项伯也赶紧与他对剑，并且时不时的用自己的身体来保护刘邦，使得项庄没有下手的机会。

局面就这样僵持着，刘邦处于十分危险的境界。最后，刘邦以上厕所为由，迅速逃离了现场。

这是因为这次鸿门宴，让刘邦逃走了。这也一定程度上暗示了接下来的结果，那就是刘邦灭秦，建立了汉朝。

Pinyin (拼音)

Qín cháo mòqí, qín cháo yǐjīng mòluò, xiàngyǔ hé liúbāng dōu jìhuà gōng qín, dāngshí de qín cháo yǐjīng shílì dà bùrú qiánle, gōng xià qín cháo shì zài bìděi.

Xiàngyǔ hé liúbāng yuēdìng, xiānrù xiányáng zhě wéi wáng. Zuìhòu shì liúbāng gōng xiàle xiányáng, juédìng chēng wáng. Xiàngyǔ zhīdào hòu shífēn shēngqì, yīnwèi liúbāng de shílì shì bùrú tā de, yīncǐ tā juédìng gōngdǎ liúbāng.

Liúbāng zhīdào hòu dàizhe yībǎi duō míng shìcóng shēngshì hàodàng de lái dào hóng mén gěi xiàngyǔ péilǐ dàoqiàn. Yī jiàn dào xiàngyǔ, biàn bìgōngbìjìng de dàoqiàn. Liúbāng yěshì gè cōngmíng rén, tā gùyì zhuāng chū yī fù gōngjìng de yàngzi, shuō huì bǎ zìjǐ dédào de dōu xiàn gěi xiàngyǔ.

Yúshì xiàngyǔ shè xià jiǔxí, qǐng liúbāng hējiǔ, qíshí jiùshì xiǎng chèn cǐ jīhuì shā diào liúbāng, yīnwèi tā zhīdào liúbāng rìhòu bìdìng huì zàochéng wēixié, cǐ shí bù shā, yǐhòu bèi shā de jiùshì tāmen.

Tāmen gùyì ānpái wǔ jiàn de huódòng, wèile jiùshì cìshā liúbāng. Dāng xiàng zhuāng kāishǐ wǔ jiàn de shíhòu, xiàng bó yě gǎnjǐn yǔ tā duì jiàn, bìngqiě shíbùshí de yòng zìjǐ de shēntǐ lái bǎohù liúbāng, shǐdé xiàng zhuāng méiyǒu xiàshǒu de jīhuì.

Júmiàn jiù zhèyàng jiāngchízhe, liúbāng chǔyú shífēn wéixiǎn de jìngjiè. Zuìhòu, liúbāng yǐshàng cèsuǒ wéi yóu, xùnsù táolíle xiànchǎng.

Zhè shì yīnwèi zhè cì hóngményàn, ràng liúbāng táozǒule. Zhè yě yīdìng chéngdù shàng ànshìle jiē xiàlái de jiéguǒ, nà jiùshì liúbāng miè qín, jiànlìle hàn cháo.